SEKUNDARSTUFE I

Martin Bastkowski
Stefan Koic
Corinna Maeckler

Warm-ups für den Französischunterricht

Klasse 6–10

Cornelsen

Die Autoren

Martin Bastkowski ist Lehrer für die Jahrgänge 5–13, Fachbereichsleiter für Fremdsprachen und stellvertretender Schulzweigleiter Sek I (Kollegiale Schulleitung) an einer Kooperativen Gesamtschule (KGS) in Niedersachsen. Darüber hinaus arbeitet er als Lehrbeauftragter in der Fachdidaktik Englisch am Institut für englische Sprache und Literatur an der Universität Hildesheim sowie an der Fakultät Geistes- und Kulturwissenschaften der Otto-Friedrich-Universität Bamberg.
Er ist bundesweit als Fortbildungsreferent im Bereich der Fachdidaktik Englisch tätig und arbeitet als Fach- und Lehrwerksautor, Lehrwerksberater und Mitherausgeber für verschiedene Lehrwerke, Unterrichtsmaterialien und Fachzeitschriften. Seine Beratungstätigkeit umfasst auch die fachdidaktische Begleitung von Fachkommissionen für Kultusministerien.

Stefan Koic ist Lehrer für Englisch und Wirtschaft an einer niedersächsischen Realschule, Referent für Fachdidaktik Englisch und publizierte zahlreiche Unterrichtsbeiträge bei verschiedenen Fachzeitschriften als Fachautor. Zudem betreut er auf nationaler Ebene Kinder und Jugendliche im Tennis.
Seine Interessensschwerpunkte umfassen Hörverstehensstrategien, Methodenvielfalt, bewegtes Lernen, freies Sprechen sowie die Einbindung der persönlichen Betroffenheit der Schüler am Lerngegenstand.

Corinna Maeckler studierte die Fächer Englisch und Französisch für das gymnasiale Lehramt. Während des Studiums verbrachte sie zwei Auslandssemester in Frankreich und unterrichtete ein Schuljahr Deutsch an einem Internat in Großbritannien. Neben ihrem Studium arbeitete sie außerdem als Dozentin an einer Volkshochschule.
Von 2013 bis 2019 war sie Lehrerin und Fachobfrau Französisch an einer niedersächsischen Oberschule mit gymnasialem Zweig. Seit 2019 unterrichtet sie an einer kooperativen Gesamtschule und ist nebenberuflich als Fachautorin tätig.

Projektleitung: Dorothee Weylandt, Berlin
Redaktion: Judith Krieg, Berlin
Umschlagkonzeption/Gestaltung: Jule Kienecker, Berlin
Umschlagabbildungen: Tafel: Shutterstock.com/Jacob_09
Layout/technische Umsetzung: fotosatz griesheim GmbH

www.cornelsen.de

1. Auflage, 3. Druck 2024

Druck: Athesiadruck GmbH, Bozen

ISBN 978-3-589-16770-8

PEFC
PEFC/18-31-166
PEFC-zertifiziert
Dieses Produkt stammt aus nachhaltig bewirtschafteten Wäldern und kontrollierten Quellen
www.pefc.de

Inhaltsverzeichnis

Einleitung ... 04
Übersicht der *Warm-ups* ... 05
Der Einsatz von *Warm-ups* im Französischunterricht ... 06

Warm-ups:

1. Tous différents, mais tous égaux ... 09
2. BANG ... 10
3. Chaîne de mots ... 11
4. Tour de compliments ... 12
5. Mots croisés ... 13
6. Sablier ... 14
7. Brainstorming à cinq doigts ... 15
8. Histoire pliée ... 16
9. Debout! ... 17
10. Preuve par cinq ... 18
11. Chaise chaude ... 19
12. Phrases en désordre ... 20
13. Quel est ton camp? ... 21
14. Déclinaison ... 22
15. Jeu des molécules ... 23
16. Minute parfaite ... 24
17. Pictionary ... 25
18. Course au tableau ... 26
19. Débuts de phrases ... 27
20. Six mots magiques ... 28
21. Speed dating ... 29
22. L'abeille épelante ... 30
23. Échange de cartes ... 31
24. Trois numéros sur moi ... 32
25. Deux vérités et un mensonge ... 33
26. Qui suis-je? ... 34
27. Memory ... 35
28. Course de mots ... 36
29. Serpent de mots ... 37
30. Jeter des mots ... 38
31. Des mots dans l'air ... 39
32. Écrivez sur le dos de votre partenaire ... 40

Einleitung

Mit dem vorliegenden Heft möchten wir allen Lehrkräften des Französischunterrichts einen praktischen Ratgeber zum Einsatz von *Warm-ups* an die Hand geben. Insgesamt werden 32 verschiedene Aktivitäten für die Schuljahrgänge 6–10 vorgestellt.

Die *Warm-ups* können in vielfältiger Weise im Unterricht eingesetzt werden – als Sprech- und Schreibanlässe, für Rituale, als Training lexikalischer oder grammatischer Strukturen oder auch als Energizer. Für alle Aktivitäten gilt der Grundsatz, dass sie ohne Vorbereitung seitens der Lehrkraft sowie ohne weitere besondere Materialien (ausgenommen z. B. ein Ball) initiiert werden können.

Der Aufbau jeder *Warm-up*-Seite folgt einem transparenten Prinzip und ermöglicht eine schnelle unterrichtliche Umsetzung. Die Bausteine sind dabei:

1. Dauer 🕒
2. Sozialform ☺
3. Fokus ◉

Weiterhin wird jede Aktivität in wenigen Schritten übersichtlich für die Lehrkräfte dargestellt. Um einen noch schnelleren Einsatz im Französischunterricht zu ermöglichen, liefert dieses Heft die notwendigen Lehreranweisungen zur Umsetzung der *Warm-ups* in französischer Sprache gleich mit.

Zusätzlich beinhaltet jede Seite als weitere Hilfestellung ein bzw. mehrere passende Beispiel(e) sowie weitere Ideen und Tipps, die man bei der Initiierung berücksichtigen sollte.

Wir wünschen Ihnen mit dem Heft viel Freude und vor allem einen sprachlich-aktiven und motivierenden Unterricht.

Martin Bastkowski, Stefan Koic und Corinna Maeckler

Übersicht der *Warm-ups*

Mit der vorliegenden Übersicht haben Sie die Möglichkeit, schnell das für die jeweilige Unterrichtsstunde passende *Warm-up* zu finden.

Bezeichnung	Dauer	Sozialform	Fokus
1. Tous différents, mais tous égaux	~ 10 min	Teamarbeit	Sprechen
2. BANG	~ 10 min	Teamarbeit	Sprechen
3. Chaîne de mots	~ 5 min	Plenum	Wortschatz / Grammatik
4. Tour de compliments	5–8 min	Plenum	Sprechen
5. Mots croisés	~ 5 min	Einzelarbeit	Wortschatz
6. Sablier	~ 5 min	Plenum	Sprechen
7. Brainstorming à cinq doigts	~ 5 min	Einzelarbeit	Wortschatz
8. Histoire pliée	5–10 min	Plenum	Schreiben
9. Debout!	5–10 min	Plenum	Energizer
10. Preuve par cinq	~ 5 min	Plenum	Wortschatz
11. Chaise chaude	5–10 min	Plenum	Energizer
12. Phrases en désordre	~ 5 min	Einzelarbeit	Grammatik
13. Quel est ton camp?	~ 5 min	Plenum	Energizer
14. Déclinaison	~ 5 min	Einzelarbeit	Wortschatz
15. Jeu des molécules	5–10 min	Teamarbeit	Sprechen
16. Minute parfaite	5–8 min	Teamarbeit	Wortschatz
17. Pictionary	~ 5 min	Teamarbeit	Energizer
18. Course au tableau	5–10 min	Teamarbeit	Energizer
19. Débuts de phrases	~ 5 min	Einzelarbeit	Sprechen / Grammatik
20. Six mots magiques	~ 10 min	Teamarbeit	Schreiben
21. Speed dating	5–10 min	Partnerarbeit	Sprechen
22. L'abeille épelante	5–8 min	Teamarbeit	Wortschatz
23. Échange de cartes	5–10 min	Partnerarbeit	Sprechen
24. Trois numéros sur moi	5–8 min	Partnerarbeit	Energizer
25. Deux vérités et un mensonge	~ 5 min	Partnerarbeit	Sprechen / Energizer
26. Qui suis-je?	8–10 min	Partnerarbeit	Energizer
27. Memory	~ 5 min	Plenum	Wortschatz
28. Course de mots	5–10 min	Teamarbeit	Wortschatz
29. Serpent de mots	5–8 min	Teamarbeit	Wortschatz
30. Jeter des mots	5–8 min	Teamarbeit	Wortschatz
31. Des mots dans l'air	5–8 min	Partnerarbeit	Wortschatz
32. Écrivez sur le dos de votre partenaire	~ 5 min	Teamarbeit	Wortschatz

Der Einsatz von *Warm-ups* im Französischunterricht

Einen **motivierenden Französischunterricht** zu gestalten, stellt viele Lehrkräfte häufig vor große Herausforderungen. Dies zeigt sich vor allem beim Erwerb einer weiteren Fremdsprache, da die Lehrkräfte hier aufgrund des zusätzlichen sprachlichen Anspruchs besonders vielseitig und abwechslungsreich agieren müssen. Viele Französischlehrkräfte der weiterführenden Schulen haben zudem das Gefühl, dass die Freude am Sprachenlernen – die in der Primarstufe noch vorhanden war – in der Sekundarstufe und vor allem beim Erlernen einer zusätzlichen Fremdsprache kontinuierlich abnimmt.

Nun hat dieser Umstand viele Ursachen, die oft auch nichts mit dem Französischunterricht selbst zu tun haben. Es bleibt dennoch die **Aufgabe der Lehrkraft**, motivierende Faktoren miteinzubauen und zumindest die Grundlagen für einen kommunikativen und motivierenden Unterricht zu legen.

Der Einsatz von *Warm-ups* spielt dabei eine zentrale Rolle. Wie oft haben wir Lehrkräfte beim **Betreten des Klassenzimmers** schon die Welle an Lustlosigkeit gespürt und laufen so Gefahr, selbst die Begeisterung am Unterrichten zu verlieren. Der unterrichtsbeginnende trockene Hausaufgabenvergleich verschärft diese Tendenz noch.

Interessanterweise agieren wir Lehrkräfte jedoch bei Dienstbesprechungen oder anderen Konferenzen, an denen wir teilnehmen (wie die Lerner am Unterricht), sehr ähnlich. Man möchte bestenfalls wenig selbst machen und vor allem nicht angesprochen werden.

Genau dieser **Teufelskreis** muss jedoch schnell überwunden werden. Durch den Einsatz von *Warm-ups* schaffen wir die Möglichkeit, den Beginn der Unterrichtsstunde aktivierend, bewegungsreich und humorvoll / spielerisch zu gestalten und somit den Kontakt zur Fremdsprache positiv zu besetzen.

Der Einsatz von *Warm-ups* im Französischunterricht

Um den Teufelskreis zu überwinden und die einzelnen Aktivitäten erfolgreich durchzuführen, bedarf es verschiedener **Gelingensbedingungen**, die eingehalten werden müssen:

<table>
<tr><td rowspan="7">Gelingensbedingungen für den Einsatz von Warm-ups</td><td>offene Lernatmosphäre</td></tr>
<tr><td>Fokus auf aisance und nicht auf exactitude</td></tr>
<tr><td>Beteiligung möglichst vieler Lerner</td></tr>
<tr><td>sprachlich und inhaltlich leistbare Aufgabenformate</td></tr>
<tr><td>klare Vermittlung der Aufgabenstellung</td></tr>
<tr><td>exemplarisches Vormachen der Aktivität</td></tr>
<tr><td>Lehrkraft nutzt das EAR-Konzept
(E: empathie, A: authenticité, R: respect)</td></tr>
</table>

Eine häufig gestellte Frage ist, welcher Unterschied zwischen einem *Warm-up* und einem **Einstieg** besteht.
Je nach Fachdidaktik wird die Beschreibung beider Phasen unterschiedlich gehandhabt.

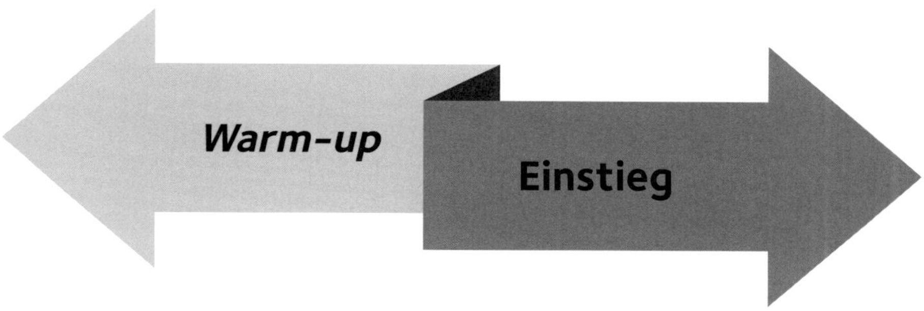

Die Autoren dieses Heftes haben die klare Haltung, dass generell jede Unterrichtsstunde mit einem *Warm-up* sowie einem Einstieg beginnen sollte. Dabei obliegt es der Lehrkraft zu entscheiden, ob das *Warm-up* bereits das Stundenthema thematisch vorentlastet (z. B. bei *échange de cartes, course de mots* oder *quel est ton camp*) oder komplett autark eingesetzt wird. Im Gegensatz dazu muss der Einstieg einer Unterrichtsstunde das Vorwissen der Lerner reaktivieren, zur Hauptphase der Stunde hinführen und vor allem thematisch einleitend sein. Diese Aufgaben kann, aber muss ein *Warm-up* nicht erfüllen.

Der Einsatz von *Warm-ups* im Französischunterricht

Abschließend zeigt folgende Auflistung noch einmal die **Positiva** eines Einsatzes von *Warm-ups* im Französischunterricht auf:

Generierung einer positiven Lernatmosphäre	Energizer bzw. Aufwachfunktion	Kontaktherstellung zu den Lernern (phatische Funktion)
Motivation, Unterhaltung	Aktivierung der Lerner	Reduzierung des Angstgefühls
spielerische Komponente	sprachliche Erfolgserlebnisse	Umsetzung des bewegten Lernens
kommunikative Umwälzung thematischer Inhalte	ritualisierter Unterricht	Steigerung des Gemeinschaftsgefühls

Hinweis *consigne:*

Generell sollte jede Aufgabenstellung (*consigne*) der folgenden Struktur entsprechen: 1. *contenu*, 2. *matériel*, 3. *temps*, 4. *forme pédagogique*. Natürlich ist es unser Ziel, dieses Prinzip auch in unseren Lehreranweisungen umzusetzen. Aufgrund der Kürze der Aktivitäten (anders als bei einer komplexen *consigne*) wird jedoch im Sinne der Transparenz und Effizienz die Reihenfolge teilweise verschoben, um den Ablauf flüssiger und verständlicher zu gestalten.

1. TOUS DIFFÉRENTS, MAIS TOUS ÉGAUX

Dauer	Sozialform	Fokus
~ 10 min	Teamarbeit	Sprechen

Ablauf:

Schritt 1: Die Lerner arbeiten in Dreiergruppen zusammen und zeichnen ein Dreieck auf ein leeres Blatt Papier.

Schritt 2: In einem Gespräch finden sie nun zwei Aspekte, die alle gemeinsam haben (diese werden im Inneren des Dreiecks notiert), sowie zwei Aspekte, die nur jeder allein kann oder gemacht hat.

Schritt 3: Die Ergebnisse werden im Plenum vorgestellt.

Lehreranweisung:

Étape 1: Dessinez un triangle sur une feuille de papier.

Étape 2: a. Vous allez travailler dans des groupes de trois. Trouvez deux aspects que vous avez en commun et notez-les au milieu.

b. Notez pour chaque membre du groupe en dehors du triangle deux choses qu'elle / qu'il est seul(e) à avoir fait ou à savoir faire.

Étape 3: Présentez quelques résultats en classe.

Beispiel:

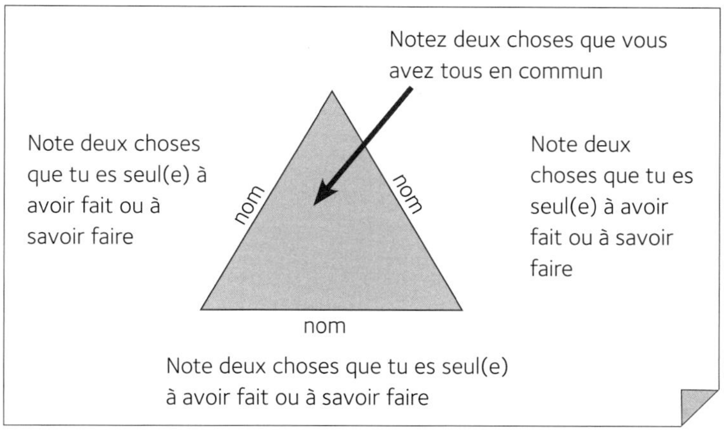

Weitere Ideen / Tipps:

- Bei den Gemeinsamkeiten sollten keine Themen verwendet werden, die allgemein-logisch sind, z. B. „Wir sind alle SchülerInnen" oder der Name der eigenen Schule.

2. BANG

Dauer	Sozialform	Fokus
~ 10 min	Teamarbeit	Sprechen

Ablauf:

Schritt 1: Alle Lerner notieren zwei unterschiedliche Begriffe zu einem vorgegebenen Thema auf kleinen Papierschnipseln, die in eine Box gelegt werden. Die Lehrkraft fügt 4–5 BANG-Papierschnipsel hinzu.

Schritt 2: Die Lerngruppe wird nun in drei gleiche Teams eingeteilt. Jeweils der vorne stehende Lerner zieht einen Begriff aus der Box und erklärt diesen seinem Team, das ihn erraten muss.

Schritt 3: Pro Runde hat das Team 60 Sekunden Zeit. Bei jedem richtigen Begriff muss der vorne stehende Lerner nach hinten und ein neuer Schüler erklärt den Begriff. Wird allerdings „BANG" gezogen, so verliert das Team alle bisher gesammelten Punkte dieser Runde.

Lehreranweisung:

Étape 1: Écrivez sur un morceau de papier deux mots qui appartiennent au sujet __________ et mettez-les dans la boîte. Je vais ajouter _________ morceaux de papier sur lesquels j'ai écrit le mot BANG.

Étape 2: Maintenant, comptez de 1 à 3 et formez vos groupes. On va commencer avec le groupe numéro 1. L'un de vous choisit un morceau de papier et essaie d'expliquer le mot. Tous les membres du groupe peuvent deviner.

Étape 3: Vous avez 60 secondes pour deviner le plus de mots possible. Si vous avez un BANG, vous perdez tous vos points.

Beispiele für Themen:

- *tous les sujets traités en classe: famille, amis, école, Paris, activités, temps, formes grammaticales,* etc.

Weitere Ideen / Tipps:

- Die Aktivität ist auch für eine spielerische Abfrage von grammatischen Phänomenen geeignet, z. B. *Quel est le participe passé de «prendre»? / Nomme trois temps du passé* etc.
- Wenn gewünscht, können die einzelnen Gruppen einmal *„sauve"* sagen, um die bisher gesammelten Punkte (Wörter) zu sichern.

3. CHAÎNE DE MOTS

Dauer	Sozialform	Fokus
~ 5 min	Plenum	Wortschatz/Grammatik

Ablauf:

Schritt 1: Die Lehrkraft gibt ein Wort vor.

Schritt 2: Dieses Wort wird jeweils durch einen Lerner sinnvoll um ein weiteres Wort ergänzt, bis ein vollständiger Satz daraus entstanden ist.

Schritt 3: Der nächste Lerner in der Reihe gibt ein neues Wort vor und die Lerngruppe erstellt einen neuen Satz usw.

Lehreranweisung:

Étape 1: Je vais vous donner un mot.

Étape 2: Ajoutez un mot à tour de rôle pour faire une phrase complète.

Étape 3: Quand la phrase est complète, la/le prochain(e) commence avec un nouveau mot pour construire une nouvelle phrase.

Beispiel:

- *Le / garçon / mange / un / gâteau / que / sa / mère / a / acheté / au / supermarché.*

Weitere Ideen / Tipps:

- Die Lehrkraft gibt ein bestimmtes Thema vor.
- Die Lerngruppe wird in mehrere Kleingruppen aufgeteilt und erstellt eine eigene Wortkette.
- Für anspruchsvollere Lerngruppen gibt die Lehrkraft einen ganzen Satz vor, der durch die Lerner ebenfalls um ganze Sätze ergänzt wird. So entsteht eine ganze *chaîne de phrases.*

4. TOUR DE COMPLIMENTS

Dauer	Sozialform	Fokus
5–8 min	Plenum	Sprechen

Ablauf:

Schritt 1: Der Lerngruppe wird erklärt, dass bei der nächsten Aktivität jeder ein Kompliment über eine Charaktereigenschaft des jeweiligen Nachbarn verbalisieren soll.

Schritt 2: Nacheinander machen die Lerner nun dem jeweiligen Sitznachbarn ein Kompliment.

Lehreranweisung:

Étape 1: Au cours de cette activité, tu vas faire un compliment à la personne à côté de toi. Il doit être sur son caractère et non sur son physique.

Étape 2: On y va. (Elève), tu commences.

Beispiel:

- *Tu es drôle / sympa / un(e) bon(ne) ami(e) / loyal(e) / amusant(e)/ très aidable / intelligent(e) / Tu as de l'humour / On peut bien jouer avec toi …*

Weitere Ideen / Tipps:

- Für die Durchführung dieser Aktivität muss die soziale Konstellation passend sein. Daher eignet sich die *chaîne de compliments*, wenn sich die Lerngruppe bereits kennt.
- Achten Sie darauf, dass Charaktereigenschaften und nicht das äußere Erscheinungsbild angesprochen werden.
- Es ist Ihnen überlassen, ob Sie exemplarisch mit einem Lerner beginnen oder als letzte Person ebenfalls ein Kompliment eines Lerners erhalten.
- Bei Fehlerhaftigkeiten interveniert die Lehrkraft gemeinsam mit der Lerngruppe anhand des Auftrags „*Trouvez l'erreur!*"

5. MOTS CROISÉS

Dauer	Sozialform	Fokus
~ 5 min	Einzelarbeit	Wortschatz

Ablauf:

Schritt 1: Die Lehrkraft schreibt ein Wort vertikal an die Tafel.

Schritt 2: Die Lerner übernehmen das Wort auf ein Blatt Papier.

Schritt 3: Die Lerner schreiben zu jedem Buchstaben ein Wort / einen Begriff horizontal dazu. Dabei kann der Buchstabe des vorgegebenen Wortes an beliebiger Stelle auftreten.

Lehreranweisung:

Étape 1: Notre thème aujourd'hui est ______________.

Étape 2: Écrivez ce mot verticalement sur une feuille.

Étape 3: Trouvez des mots sur ce thème pour chaque lettre et écrivez-les horizontalement. La lettre du mot peut apparaître n'importe où.

Beispiel:

```
L' A R C D E T R I O M P H E
          L E S C A T A C O M B E S
             N O T R E D A M E
         L A T O U R E I F F E L
                       S A C R É C Œ U R

                       F I G U E
             P O I R E
                R H U B A R B E
             F R A I S E
          A B R I C O T
```

Weitere Ideen / Tipps:

- Das Spiel kann auch in Zweier-/Dreierteams durchgeführt werden.
- Um den Schwierigkeitsgrad zu erhöhen, müssen verschiedene Wortarten verwendet werden, z. B. Adjektive, Verben, Nomen etc.

6. SABLIER

Dauer	Sozialform	Fokus
~ 5 min	Plenum	Sprechen

Ablauf:

Schritt 1: Ein Lerner bekommt die Aufgabe, 90 Sekunden lang über ein vorgegebenes Thema zu sprechen, z. B. *les amis, l'école, les vacances* etc.

Schritt 2: Bei längerem Zögern (ca. 3 Sek.) kommt der Sitznachbar an die Reihe und versucht, die restliche Zeit über dasselbe Thema zu sprechen.

Schritt 3: Gewonnen hat, wer nach Ablauf der 90 Sekunden an der Reihe ist und aktuell spricht.

Lehreranweisung:

Étape 1: L'un de vous va essayer de parler d'un sujet pendant 90 secondes.

Étape 2: S'il fait une pause plus longue que 3 secondes, c'est au tour de son voisin.

Étape 3: Celui qui parle au bout des 90 secondes gagne. Votre sujet est ______.

Beispiel:

- *organiser un voyage, rencontrer un nouvel élève, préparer une fête …*

Weitere Ideen / Tipps:

- Bei längerem Zögern ist nicht der Sitznachbar an der Reihe, sondern die Lehrkraft bestimmt den nächsten Sprecher.
- Zwei Lerner sprechen nacheinander über zwei unterschiedliche Themen. Es gewinnt derjenige, der am längsten ohne Zögern spricht. Sprechen beide Lerner 90 Sekunden durch, gewinnen beide.

7. BRAINSTORMING À CINQ DOIGTS

Dauer	Sozialform	Fokus
5–8 min	Einzelarbeit	Wortschatz

Ablauf:

Schritt 1: Die Lerner zeichnen ihre Hand auf ein Blatt Papier.

Schritt 2: Die Lehrkraft gibt ein Thema vor, z. B. *ma journée, mes activités, ma famille* etc.

Schritt 3: Die Lerner notieren in jedem Finger einen Aspekt zum vorgegebenen Thema.

Schritt 4: Die Lerner stellen ihre Ergebnisse einem Partner / einer Gruppe / dem Plenum vor.

Lehreranweisung:

Étape 1: Pour cette activité, tu vas dessiner ta main sur une feuille.

Étape 2: Le sujet d'aujourd'hui est ___________.

Étape 3: Note un aspect du sujet dans chaque doigt.

Étape 4: Maintenant, partage tes résultats avec ta / ton partenaire.

Beispiel:

- *mes chansons préférées, mes séries préférées, mes activités préférées, les avantages de l'internet, les inconvénients de l'internet, cinq endroits que j'aimerais bien visiter, cinq choses que je ferais avec un million d'euros*, etc.

Weitere Ideen / Tipps:

- Für die Sammlung von Vor- und Nachteilen zu einem Thema können beide Hände benutzt werden.
- Einigung mit einem Partner auf eine gemeinsame TOP 3, die in die Handinnenfläche geschrieben wird.

8. HISTOIRE PLIÉE

Dauer	Sozialform	Fokus
5–10 min	Plenum	Schreiben

Ablauf:

Schritt 1: Jeder Lerner nimmt sich ein Blatt Papier. Die Lehrkraft gibt einen Satzanfang vor, den alle Lerner aufschreiben, z. B. *Il était une fois …*

Schritt 2: Die Lerner beenden den Satz schriftlich für sich. Jedoch nennt die Lehrkraft zwei Vorgaben, die die Lerner im weiteren Verlauf des Satzes einbauen müssen, wie z. B. *un appareil électronique* und *un/une star*. Der Zettel wird nun an den Nachbarn weitergegeben.

Schritt 3: Die Lehrkraft nennt zwei weitere Vorgaben und die Lerner führen die Geschichte anhand eines Satzes auf dem Blatt des Partners weiter. Anschließend falten die Lerner ihr Blatt, sodass jeweils nur der zuletzt aufgeschriebene Satz zu sehen ist, und geben diesen wieder an den Nachbarn weiter. Dieser Schritt wird 6–8 Mal wiederholt.

Schritt 4: Die Lerner lesen sich die Geschichte, die sie in den Händen halten, gegenseitig vor.

Lehreranweisung:

Étape 1: D'accord, écoutez bien. Chacun prend une feuille. Écrivez le début de phrase suivant: ______________________.

Étape 2: Finissez la phrase seul(e) en incluant les mots _________ et _________. Donnez la feuille au / à la camarade de classe assis(e) à côté de vous.

Étape 3: Maintenant, écrivez une nouvelle phrase en incluant les mots ________ et __________. Pliez la feuille de sorte qu'on ne voie que la dernière phrase et donnez la feuille à votre voisin(e), dans le sens des aiguilles d'une montre.

Étape 4: Lisez l'histoire à votre partenaire.

Beispiel:

- *appareil électronique – star, souvenir – prix, vêtement – couleur, chanson – professeur, nourriture – année, temps – température, dormir – endroit*, etc.

Weitere Ideen / Tipps:

- Alternativ kann ein leistungsstarker Schüler weitere kreative Vorgaben für die einzelnen Sätze mit einbringen.
- 2–3 Lerner könnten die Geschichte der Klasse präsentieren.

9. DEBOUT!

Dauer	Sozialform	Fokus
5–10 min	Plenum	Energizer

Ablauf:

Schritt 1: Ein Lerner stellt sich mit dem Rücken zur Tafel in Richtung der Lerngruppe. Die Lehrkraft schreibt eine Aussage an die Tafel, z. B. *Ceux qui ont un animal domestique se lèvent*.

Schritt 2: Alle Lerner, auf die die Aussage zutrifft, stehen auf. Der vorne stehende Lerner muss nun auf Basis der aufgestandenen Lerner erraten, was an der Tafel steht.

Schritt 3: Der Lerner kann Fragen an die Mitschüler stellen (z. B. *C'est en rapport à ta famille / tes vêtements / …?*) bzw. sich helfen lassen (z. B. *Pense à …*).

Lehreranweisung:

Étape 1: Il me faut un(e) volontaire pour venir au tableau. Il / Elle doit deviner la phrase que je vais noter au tableau dans un instant.

Étape 2: A tout le monde: si vous êtes concernés, levez-vous. Ne donnez pas encore d'indice.

Étape 3: Au / A la volontaire: maintenant, tu peux poser des questions pour trouver la caractéristique. Tous les autres peuvent apporter de l'aide ou des indices.

Beispiel:

- *avoir un animal domestique / aimer les devoirs / avoir déjà été en France / aimer la pizza / avoir deux frères* / etc.

Weitere Ideen / Tipps:

- Alternativ treten zwei Teams gegeneinander an (Wettkampf) ocer es müssen mehrere Items erraten werden (z. B. *frères et sœurs et animaux domestiques*).
- Um schneller Erfolge zu erzielen, kann das Thema weiter konkretisiert werden.

10. PREUVE PAR CINQ

Dauer	Sozialform	Fokus
~ 5 min	Plenum	Wortschatz

Ablauf:

Schritt 1: Die Lehrkraft fragt nach fünf Wörtern zu einem bestimmten Thema, z. B. *pièces dans la maison, couleurs, animaux* etc.

Schritt 2: Die Lerner nennen ein Wort und rufen sich gegenseitig in Form einer Meldekette auf.

Lehreranweisung:

Étape 1: Donnez-moi cinq mots sur le thème de ____________.

Étape 2: Donne un mot, puis passe la parole à un(e) camarade de classe.

Beispiel:

- *animaux / matériel scolaire / vacances / amour/ amitié / fruits et légumes / chez le médecin / à Paris / au Québec / sport / shopping,* etc.

Weitere Ideen / Tipps:

- Ein Lerner kann 5 Wörter alleine nennen.
- Im Vorfeld könnten Sie *Cartes Preuves par cinq* erstellen. Bei dieser Variation laufen die Lerner im Klassenraum umher und beantworten die *Cartes Preuves par cinq* jeweils im dialogischen Gespräch. Anschließend werden die Karten getauscht und ein neuer Partner gesucht.

11. CHAISE CHAUDE

Dauer	Sozialform	Fokus
5–10 min	Plenum	Energizer

Ablauf:

Schritt 1: Zwei Lerner setzen sich mit dem Rücken zur Tafel vor die Klasse.

Schritt 2: Die Lehrkraft schreibt je ein Wort aus dem Alltag der Lernenden an die Tafel, z. B. *voiture, sol, CDI* etc.

Schritt 3: Die Lerner, die vor der Tafel sitzen, stellen Fragen an die Lerngruppe zu ihrem Wort, die mit „Ja" oder „Nein" beantwortet werden können. Bei einem „Ja" dürfen sie weiter fragen, bei einem „Nein" ist der nächste Lerner an der Reihe.

Lehreranweisung:

Étape 1: Il me faut deux volontaires. Asseyez-vous devant le tableau, face à la classe.

Étape 2: Pour chacun d'entre vous, il y a un mot écrit au tableau. Devinez ce que c'est…

Étape 3: Posez des questions auxquelles la classe peut répondre par oui ou non.

Beispiel:

- *pomme, fraise, cerise, maison, sol, CDI, câble, salle de bains, cuisine, crocodile, girafe, lion, robe, t-shirt, chaussette, moto, voiture, vélo …*

Weitere Ideen / Tipps:

- Die beiden Lerner gehen kurz vor die Tür. In dieser Zeit kann sich die Lerngruppe auf die zu erratenden Wörter einigen.
- Um für Wettbewerbscharakter innerhalb der gesamten Lerngruppe zu sorgen, wird die Lerngruppe in zwei Teams aufgeteilt.
- Es ist sinnvoll, Wörter auszuwählen, die gerade im Unterricht behandelt wurden und im Lehrbuch oder Wortschatzverzeichnis nachzulesen sind.

12. PHRASES EN DÉSORDRE

Dauer	Sozialform	Fokus
~ 5 min	Einzelarbeit	Grammatik

Ablauf:

Schritt 1: Die Lehrkraft schreibt einen Satz an die Tafel, in dem die Wörter in verkehrter Reihenfolge stehen.

Schritt 2: Die Lerner bringen den Satz in die richtige Reihenfolge.

Lehreranweisung:

Étape 1: Malheureusement, les mots de cette phrase ne sont pas dans le bon ordre.

Étape 2: Chacun(e) doit remettre les mots en ordre.

Beispiel:

- *Natation je la le fais mercredi de. = Le mercredi, je fais de la natation.*

Weitere Ideen / Tipps:

- Die Lehrkraft schreibt mehrere *phrases en désordre* an die Tafel. Gewonnen hat, wer als Erste/r alle Sätze korrekt gelöst hat. Je nach Bedarf kann ein Zeitlimit festgelegt werden.
- Alternativ kann auch *mots en désordre* durchgeführt werden. Bei dieser Variante sind die Buchstaben eines Wortes durcheinandergeraten und müssen in die richtige Reihenfolge gebracht werden, so z. B. *Eèrra-gdnm = grand-mère* etc.

13. QUEL EST TON CAMP?

Dauer	Sozialform	Fokus
~ 5 min	Plenum	Energizer

Ablauf:

Schritt 1: An zwei gegenüberliegenden Wänden werden die Schilder OUI und NON befestigt. Alle Lerner (bzw. wechselnde Gruppen) stellen sich zwischen beiden Schildern in die Mitte des Raumes.

Schritt 2: Zu jedem von der Lehrkraft vorgegebenen Statement (z. B. *J'aime jouer au foot*) positionieren sich die Lerner entsprechend ihrer Meinung.

Schritt 3: Nach jeder Runde begründen die Lerner, warum sie zu OUI oder NON gegangen sind, z. B. *J'ai choisi OUI parce que j'aime le sport*.

Lehreranweisung:

Étape 1: Comme vous le voyez, j'ai mis deux panneaux (OUI / NON) sur les murs qui se font face. Mettez-vous au milieu de la classe, s'il vous plaît (soit toute la classe, soit un nombre d'élèves choisi).

Étape 2: Écoutez les phrases et placez-vous soit à côté du panneau OUI (si vous êtes d'accord) soit à côté du panneau NON (si vous n'êtes pas d'accord).

Étape 3: Bon. Pourquoi avez-vous choisi OUI / NON?

Beispiel:

- *Je veux devenir acteur/actrice. / J'aide toujours mes parents à la maison. / J'aimerais bien passer une année au Canada.*

Weitere Ideen / Tipps:

- Ein Lerner übernimmt die Rolle der Lehrkraft und gibt selbst Statements vor.
- Statt OUI und NON ist auch eine Positionierung zwischen zwei anderen Kategorien möglich, z. B. *aime / n'aime pas* oder *toujours / jamais*.

14. DÉCLINAISON

Dauer	Sozialform	Fokus
~ 5 min	Einzelarbeit	Wortschatz

Ablauf:

Schritt 1: Die Lehrkraft notiert ein langes Wort an der Tafel.

Schritt 2: In Einzelarbeit probiert jeder Lerner, so viele neue Wörter wie möglich aus dem vorgegebenen Wort zu bilden. Dabei dürfen ausschließlich die Buchstaben des Wortes verwendet werden.

Schritt 3: Gewinner ist der Lerner, der die meisten Wörter bilden konnte.

Lehreranweisung:

Étape 1: Regarde ce mot: ______________.

Étape 2: Seul(e), essaie de former le plus de mots possible avec seulement les lettres du mot écrit au tableau.

Étape 3: Celle/Celui qui trouve le plus de mots gagne.

Beispiel:

- *déforestation: forêt, dé, station, ne,* etc …

Weitere Ideen / Tipps:

- Alternativ kann das Wort auch als Akrostichon verwendet werden und die Lerner finden jeweils einschlägige Begriffe zum Thema heraus.

15. JEU DES MOLÉCULES

Dauer	Sozialform	Fokus
5–10 min	Teamarbeit	Sprechen

Ablauf:

Schritt 1: Alle Lerner laufen im Klassenraum umher. Die Lehrkraft nennt ein gängiges Thema (*activités, famille, vacances, école* ...) und eine Zahl (2–4), nach der die Lerner schnell kleine Gruppen bilden.

Schritt 2: In ihren Gruppen unterhalten sich die Lerner für 60 Sekunden über das genannte Thema.

Schritt 3: Die Aktivität beginnt nun wieder von vorne und die Lehrkraft nennt eine neue Zahl mit einem neuen Thema.

Lehreranweisung:

Étape 1: Déplacez-vous dans la salle de classe et écoutez-moi. Quand je dis ________ (un nombre), formez vite des groupes de __________ (du même nombre).

Étape 2: Dans vos groupes, parlez du sujet ________________ pendant 60 secondes.

Étape 3: Au signal, dispersez-vous à nouveau dans la salle de classe, écoutez mon nouveau nombre, formez les groupes correspondants et parlez du nouveau sujet.

Beispiel:

- *maison/appartement, ville, personnes avec lesquelles tu habites, frères et sœurs, famille, animaux domestiques, parfum de glace préféré, fêtes, shopping*, etc.

Weitere Ideen / Tipps:

- Diese Aktivität eignet sich sehr gut zur Vorbereitung auf die Sprechprüfungen.

16. MINUTE PARFAITE

Dauer	Sozialform	Fokus
5–8 min	Teamarbeit	Wortschatz

Ablauf:

Schritt 1: Die Lerner werden in 3–4 Gruppen eingeteilt.

Schritt 2: Die Lehrkraft gibt jeder Gruppe ein unterschiedliches Thema vor, z. B. *objets dans une cuisine, métiers exercés en extérieur, activités* etc.

Schritt 3: Die einzelnen Gruppen haben nacheinander jeweils eine Minute Zeit, so viele Begriffe zu ihrem Thema zu nennen wie möglich. Gewonnen hat die Gruppe mit den meisten Begriffen zu ihrem Thema.

Lehreranweisung:

Étape 1: Chaque groupe va avoir un sujet et chaque membre va essayer de dire le plus de mots possible qui ont quelque chose à voir avec ce sujet.

Étape 2: Chaque groupe a 60 secondes pour dire tous les mots qu'il a trouvés.

Étape 3: Comptez de 1 à 4 et allez dans vos groupes. Le sujet pour le premier groupe est…

Beispiel:

- *monuments célèbres, objets dans ta chambre, appareils électroniques, matières, films d'action, moyens de transport, endroits à l'école, genres de films,* etc.

Weitere Ideen / Tipps:

- Die Zeit läuft erst dann, wenn sich der erste Lerner einer Gruppe gemeldet und einen passenden Begriff zum Thema gesagt hat.
- Damit die Lerner einer Gruppe die Wörter nicht durcheinander ausrufen, müssen sie sich gegenseitig das Wort erteilen.
- Bei Gleichstand zwischen mehreren Gruppen folgt eine Schätz- oder Ratefrage.

17. PICTIONARY

Dauer	Sozialform	Fokus
~ 5 min	Teamarbeit	Energizer

Ablauf:

Schritt 1: Die Lerner werden in zwei Teams aufgeteilt.

Schritt 2: Jedes Team stellt einen Vertreter vor die Tafel.

Schritt 3: Die beiden vorne stehenden Lerner bekommen nacheinander jeweils 90 Sekunden Zeit, Wörter als Zeichnungen an die Tafel zu bringen und von seinem Team erraten zu lassen. Dazu erhalten sie von der Lehrkraft vor Beginn der Zeit jeweils ein Wort. Das Team mit den meisten erratenen Wörtern gewinnt.

Lehreranweisung:

Étape 1: Vous allez jouer en deux équipes.

Étape 2: Chaque équipe envoie une personne au tableau.

Étape 3: Je montre un mot à chacun des deux. Ils ont 90 secondes pour le dessiner au tableau et faire deviner ce que c'est par leur groupe. L'équipe qui devine le plus grand nombre de mots gagne.

Beispiel:

- *pompier, caserne de pompiers, argent, gratte-ciel, zoo, pont, avenue, trottoir, école, portable, voiture, vélo, bus, avion,* etc.

Weitere Ideen / Tipps:

- Der besseren Übersicht halber ist es sinnvoll, die Gruppe räumlich in der Mitte zu teilen.
- Besteht die Möglichkeit, die Zeichenversuche vor dem anderen Team zu verstecken, indem sie bspw. auf Tafelrückseiten erfolgen, können beide Lerner gleichzeitig zeichnen. Der Punkt geht dann an die Gruppe, die das Wort zuerst errät.
- Damit die Lerner einer Gruppe die Wörter nicht durcheinanderrufen, müssen sie sich gegenseitig aufrufen.
- Bei Gleichstand zwischen den beiden Teams erfolgt eine Schätz- oder Ratefrage.

18. COURSE AU TABLEAU

Dauer	Sozialform	Fokus
5–10 min	Teamarbeit	Energizer

Ablauf:

Schritt 1: Die Lehrkraft teilt alle Lerner in 4–5 Gruppen ein und vergibt pro Gruppe jedem Schüler eine jeweils andere Nummer, z. B. Gruppe A: 1, 2, 3, 4; Gruppe B: 1, 2, 3, 4 usw.

Schritt 2: Nun wird allen die Aufgabenstellung genannt und eine Nummer ausgerufen. Die Lerner mit dieser Nummer rennen zur Tafel und notieren die Antwort.

Schritt 3: Die Runden werden mit anderen Nummern fortgesetzt. Es gewinnt die Gruppe mit den meisten Punkten (jeweils am schnellsten notierten richtigen Antworten).

Lehreranweisung:

Étape 1: Formez des groupes de 4/5 personnes. Chaque membre du groupe a un numéro qu'il retient.

Étape 2: Maintenant, voici la question: ______________. Tous ceux qui portent le numéro suivant peuvent courir au tableau et noter la réponse. C'est le numéro ____________.

Étape 3: D'accord, bien joué. Maintenant, la question et le numéro suivants.

Beispiel:

- *Questions culturelles (p. ex. «Où peut-on voir le Mont Saint-Michel?»)*
- *Questions lexicales (p. ex. «Je cherche un appareil qui me donne la possibilité d'envoyer des messages et d'appeler des gens»)*, etc.

Weitere Ideen / Tipps:

- Wie auch schon bei der BANG-Aktivität lässt sich *Course au tableau* auch für eine spielerische Abfrage von grammatischen Phänomenen sehr gut einsetzen, z. B. *bon – meilleur –* ____?
- Achten Sie unbedingt darauf, dass die räumlichen Gegebenheiten den Lauf zur Tafel ermöglichen (z. B. Taschen, Stühle etc. zur Seite stellen).

19. DÉBUTS DE PHRASES

Dauer	Sozialform	Fokus
~ 5 min	Einzelarbeit	Sprechen / Grammatik

Ablauf:

Schritt 1: Die Lehrkraft schreibt einen Satzanfang an die Tafel.

Schritt 2: Die Lernenden bringen den Satz mündlich zu Ende.

Schritt 3: Die Lernenden erklären, warum sie sich für ihre Variante entschieden haben.

Lehreranweisung:

Étape 1: Regarde le début de la phrase écrit au tableau.
Étape 2: Termine la phrase comme tu veux.
Étape 3: Explique pourquoi tu l'as terminée comme ça.

Beispiel:

- *L'amour est..., Un(e) ami(e) est…, Mon plus grand rêve est…, Je souhaiterais savoir…, Tout ce que je voudrais pour Noël c'est…, Si je savais voler, je..., Si je gagnais un million, je… , Je me sens toujours bien si…,* etc.

Weitere Ideen / Tipps:

- Lernende geben die Satzanfänge an der Tafel vor.
- Es können zu Beginn Hinweise geben werden, die für korrekte Sätze zu beachten sind. Diese können dazu beitragen, dass weniger Fehler gemacht werden.
- Am Ende können die Sätze von den Lernern auf Richtigkeit geprüft werden.

20. SIX MOTS MAGIQUES

Dauer	Sozialform	Fokus
~ 10 min	Teamarbeit	Schreiben

Ablauf:

Schritt 1: Die Lerner setzen sich in Kleingruppen (ca. drei pro Gruppe) zusammen.

Schritt 2: Jede Gruppe erhält sechs einschlägige Wörter zum Unterrichtsthema; davon jeweils zwei Nomen, Adjektive und Verben.

Schritt 3: Anhand dieser sechs Wörter erstellen die Lerner eine Geschichte, in der alle Begriffe enthalten sein müssen.

Lehreranweisung:

Étape 1: Voilà six mots magiques sur le sujet de ____________________: ____.

Étape 2: Vous allez travailler dans des groupes de 3/4 personnes. Par groupe, écrivez une histoire courte en utilisant les six mots magiques.

Beispiel:

- Beispiel 1: *mystère, pousser, nouveau, accident, s'arrêter, angoissant*
- Beispiel 2: *Paris, acheter, énorme, avion, oublier, triste*

Weitere Ideen / Tipps:

- Es können alternativ auch andere Wortarten verwendet werden, z. B. Quantoren: *peu*, Präpositionen: *sous* oder Adverbien: *prudemment*
- Je nach Lernniveau kann ein Minimum an Wörtern für die Geschichte vorgegeben werden.

21. SPEED DATING

Dauer	Sozialform	Fokus
5–10 min	Partnerarbeit	Sprechen

Ablauf:

Schritt 1: Die Lehrkraft zählt die Hälfte der Klasse numerisch ab, z. B. 1–14.

Schritt 2: Die abgezählten Lerner stellen sich vor der Tafel in einer Reihe auf und zeigen mit den Fingern ihre Nummer an. Zweistellige Zahlen werden durch Kreisbewegungen der Einerzahlen angezeigt, z. B. wird eine 12 durch eine kreisende 2 angezeigt. Anschließend zählt die Lehrkraft die andere Hälfte der Klasse ab und die betreffenden Lerner ordnen sich jeweils ihrem Partner zu.

Schritt 3: Die Lehrkraft gibt Thesen vor, über die die Lerner dann jeweils 60 Sekunden miteinander sprechen/diskutieren. Anschließend bewegt sich jeder Lerner eine Position nach rechts zu einem neuen Partner und die Zeit läuft erneut.

Lehreranweisung:

Étape 1: Écoutez. Je vais donner à certains d'entre vous un numéro entre 1 et ________.

Étape 2: Ceux qui ont un numéro se mettent en file devant le tableau et indiquent leur numéro avec les doigts. Si le numéro est plus élevé que 10, il faut indiquer seulement le signe de l'unité avec un mouvement circulaire.
Puis, je vais distribuer les numéros entre 1 et ________ aux autres. Ils trouveront leur partenaire du même numéro devant le tableau.

Étape 3: Vous avez 60 secondes pour parler avec votre partenaire sur l'affirmation donnée. Ensuite, tout le monde se décale d'une position vers la droite et parle avec une nouvelle / un nouveau partenaire sur une nouvelle affirmation.
L'affirmation est ________________.

Beispiel:

- *L'école en Allemagne devrait commencer plus tard. / L'huile de palme devrait être interdite. / Des drogues devraient être légalisées.*

Weitere Ideen / Tipps:

- Die Lehrkraft nennt den Lernern in jeder Runde ein neues Statement.
- Bei einer ungeraden Schülerzahl entwirft der übriggebliebene Lerner gemeinsam mit der Lehrkraft Fragen für das *speed dating*.

22. L'ABEILLE ÉPELANTE

Dauer	Sozialform	Fokus
5–8 min	Teamarbeit	Wortschatz

Ablauf:

Schritt 1: Die Lerner werden in zwei Teams aufgeteilt und stellen sich in zwei Reihen vor die Tafel.

Schritt 2: Die Lehrkraft gibt jedem Team im Wechsel ein Wort vor, das der vordere Lerner an die Tafel schreibt. Ist das Wort richtig geschrieben, stellt sich der Lerner wieder hinten an. Ist es falsch geschrieben, setzt er sich auf seinen Platz. Das Team, das zuerst keine Spieler mehr hat, verliert.

Lehreranweisung:

Étape 1: Vous allez jouer en deux équipes. Comptez de 1 à 2 et mettez-vous en file devant le tableau pour constituer les équipes.

Étape 2: Chaque équipe va avoir un mot à écrire à tour de rôle. La première personne de la file va l'écrire au tableau. Si c'est correct, elle se met à la fin de la file. Si non, elle retourne s'assoir à sa place. La dernière équipe debout gagne.

Beispiel:

- *fauteuil, vieux, jaloux, château, …*

Weitere Ideen / Tipps:

- Um alle Lerner über die gesamte Zeit dabei zu behalten, setzen sie sich bei falscher Schreibweise nicht hin, sondern stellen sich dennoch wieder hinten an. Es gewinnt dann das Team mit den meisten richtigen Wörtern am Ende der Zeit / am Ende einer bestimmten Anzahl richtig geschriebener Wörter.
- Es kann die Regel vereinbart werden, dass das jeweilige Team dem Lerner, der gerade an der Reihe ist, helfen darf.
- Es ist sinnvoll, Wörter auszuwählen, die gerade im Unterricht behandelt wurden und im Wortschatzverzeichnis nachzulesen sind.
- Alternativ werden die Wörter im Plenum buchstabiert und von den Lernern in Einzelarbeit aufgeschrieben.

23. ÉCHANGE DE CARTES

Dauer	Sozialform	Fokus
5–10 min	Partnerarbeit	Sprechen

Ablauf:

Schritt 1: Die Lerner erstellen selbst Fragekarten zu einem Themengebiet, z. B. Medien, Sport, Freizeit etc.

Schritt 2: Alle Lerner laufen im Klassenraum umher. Die Fragen werden jeweils im dialogischen Gespräch vorgelesen und anschließend vom Partner beantwortet.

Schritt 3: Dann tauschen die Paare die Karten, ein neuer Partner wird gesucht und die neuen Fragen werden gestellt und beantwortet.

Lehreranweisung:

Étape 1: Écrivez sur une carte une question sur le thème de ____________.

Étape 2: Déplacez-vous dans la salle de classe et posez votre question à un(e) camarade de classe qui va y répondre. A son tour, elle / il va vous poser sa question.

Étape 3: Puis, échangez vos cartes et déplacez-vous vers un(e) autre camarade de classe auquel / à laquelle vous poserez la nouvelle question.

Beispiel:

- *activités de loisir, week-end / vacances/ dernier stage, plans pour la semaine, repas préféré, habitudes médias,* etc.

Weitere Ideen / Tipps:

- Für einen intensiveren kommunikativen Austausch werden die Fragen zweimal beantwortet – vom Partner und vom Fragesteller.

24. TROIS NUMÉROS SUR MOI

Dauer	Sozialform	Fokus
5–8 min	Partnerarbeit	Energizer

Ablauf:

Schritt 1: Die Lerner arbeiten in Partnerarbeit zusammen.

Schritt 2: Jeder Lerner überlegt sich drei Nummern, die etwas Persönliches für sie/ihn bedeuten, und teilt diese dem Partner mit. Dieser errät die Bedeutung der Nummern.

Schritt 3: Im Plenum können einige Beispiele vorgestellt und erraten werden.

Lehreranweisung:

Étape 1: Pensez à trois numéros qui ont une signification pour vous.

Étape 2: Vous allez travailler à deux maintenant. Expliquez les numéros à votre partenaire. Il/Elle doit deviner la signification de chaque numéro.

Étape 3: Présentez vos numéros en cours et laissez vos camarades de classe deviner la signification de chaque numéro.

Beispiel:

- *numéro de maillot, numéro de maison, anniversaire, nombre de frères et sœurs, âge des parents, nombre de jeux vidéos à la maison,* etc.

Weitere Ideen / Tipps:

- Alternativ kann auch *Trois endroits* durchgeführt werden. Hier muss nicht die Bedeutung einer Zahl, sondern eines Ortes erraten werden, z. B. *marché de Noël (tu as rencontré le père Noël), Hambourg (tu as fait une croisière)* etc.

25. DEUX VÉRITÉS ET UN MENSONGE

Dauer	Sozialform	Fokus
~ 5 min	Partnerarbeit	Energizer

Ablauf:

Schritt 1: Jeder Lerner überlegt sich drei Sätze, wovon zwei der Wahrheit entsprechen und ein Satz eine Lüge ist.

Schritt 2: Alle drei Sätze werden einem Partner vorgestellt. Dieser muss die Lüge erraten. Anschließend werden die Rollen getauscht.

Schritt 3: Freiwillige Lerner stellen ihre Sätze im Plenum vor und lassen die Klasse abstimmend erraten, welcher Satz die Lüge gewesen ist.

Lehreranweisung:

Étape 1: Inventez trois phrases chacun(e) dont une est un mensonge et deux sont des vérités. Puis, travaillez à deux.

Étape 2: Présentez vos trois phrases à votre partenaire qui doit deviner laquelle est un mensonge.

Étape 3: Voyons si vos camarades de classe vont aussi deviner quel est le mensonge. Présentez vos trois phrases, s'il vous plaît.

Étape 4: Levez la main si vous pensez que c'est un mensonge.

Beispiel:

- Beispielsätze: *J'ai un chien. Ma couleur préférée est le vert. J'ai trois sœurs.*

Weitere Ideen / Tipps:

- Die Lehrkraft gibt am Anfang einer Stunde drei Sätze als Wiederholung der letzten Stunde vor (2 richtig, 1 falsch).
- Die Lerner denken sich in Partnerarbeit jeweils vier wahre und einen falschen Satz aus und stellen diese einer anderen Partnergruppe vor, die den falschen Satz erkennen muss.

26. QUI SUIS-JE?

Dauer	Sozialform	Fokus
8–10 min	Partnerarbeit	Energizer

Ablauf:

Schritt 1: Jeder Lerner überlegt sich den Namen einer prominenten Persönlichkeit.

Schritt 2: In Partnerarbeit erraten die Lerner durch gegenseitiges Fragen die jeweilige prominente Persönlichkeit. Die Lehrkraft kann bei Bedarf vorher Scaffolding an der Tafel notieren (*«Est-il/elle plus âgé(e) que...»; «Est-il/elle célèbre pour...»*).

Lehreranweisung:

Étape 1: Chacun(e) de vous pense au nom d'une personne célèbre.

Étape 2: Vous travaillez en binôme. Devinez qui est votre partenaire en posant des questions auxquelles on peut répondre par «oui» ou par «non».

Beispiel:

- *George Clooney, Heidi Klum, Marco Reus, Angela Merkel, Dieter Bohlen, Emmanuel Macron, des professeurs, des camarades de classes,* etc.

Weitere Ideen / Tipps:

- 3–4 Lerner setzen sich vor die Tafel. Die Lehrkraft schreibt nacheinander Namen einer bekannten Persönlichkeit an die Tafel, die von den vorne sitzenden Lernern erraten werden müssen. Dafür geben die anderen Lerner jeweils Hinweise und Tipps (z. B. *C'est une actrice célèbre,* etc.).

27. MEMORY

Dauer	Sozialform	Fokus
~ 5 min	Plenum	Wortschatz

Ablauf:

Schritt 1: Die Lehrkraft schreibt 7–8 nummerierte Begriffe untereinander an die Tafel.

Schritt 2: Die Lehrkraft zeigt nacheinander, von oben nach unten, auf die Begriffe. Die Lerner sprechen die Begriffe gemeinsam im Chor.

Schritt 3: Pro Runde wischt die Lehrkraft 1–2 Begriffe weg, die Nummern bleiben jedoch an der Tafel stehen. Die Lehrkraft zeigt wieder nacheinander, von oben nach unten, auf die Begriffe und die Lerner sprechen sie im Chor.

Lehreranweisung:

Étape 1: Écoutez. Voilà nos mots pour aujourd'hui.

Étape 2: Je vais montrer un mot et vous allez le dire à haute voix tous ensemble.

Étape 3: Maintenant, il y a des mots qui manquent, mais peut-être que vous vous en souvenez. Continuez à les dire à haute voix.

Beispiel:

1. la cuisine	**1. la cuisine**
2. le salon	**2.**
3. la salle de bains	**3. la salle de bains**
4. la cave	**4.**
5. la chambre	**5. la chambre**
6. le couloir	**6. le couloir**
7. l'entrée	**7.**
8. le débarras	**8. le débarras**

Weitere Ideen / Tipps:

- Sprechen Sie in der ersten Runde alle Wörter einmal vor, damit die richtige Aussprache sichergestellt ist. Sie können wie folgt anfangen: *„Répétez!"* Zeigen Sie auf das erste Wort und sprechen es vor. Die Lerner wiederholen das Wort. Anschließend zeigen Sie auf das zweite Wort, sprechen es vor usw.
- Es lassen sich zusätzlich auch Chunks verwenden. Diese sollten jedoch maximal aus 3 Wörtern bestehen.
- Auch Verbkonjugationen können auf diese Weise eingeübt oder gefestigt werden.
- Dieses Warm-up eignet sich hervorragend zur Einführung oder Wiederholung des Wortschatzes.

28. COURSE DE MOTS

Dauer	Sozialform	Fokus
5–10 min	Teamarbeit	Wortschatz

Ablauf:

Schritt 1: Die Lehrkraft teilt alle Lerner in zwei Gruppen ein, die sich jeweils an den beiden Seiten der Tafel hintereinander aufstellen.

Schritt 2: Die Lerner haben nun 90 Sekunden Zeit, so viele Begriffe wie möglich zu einem von der Lehrkraft vorgegebenen Thema nacheinander an die Tafel zu schreiben.

Schritt 3: Nun folgt der Vergleich beider Tafelhälften. Von beiden Gruppen verwendete Wörter werden gestrichen. Gewonnen hat die Gruppe, die die meisten (sich nicht doppelnden) Wörter notiert hat.

Lehreranweisung:

Étape 1: Vous avez 90 secondes pour écrire l'un après l'autre le plus de mots possible sur un sujet sur votre partie du tableau.

Étape 2: Comptez de 1 à 2 et formez deux équipes, chacune derrière un côté du tableau.

Étape 3: Nous allons comparer les résultats maintenant. On va effacer tous les mots écrits en commun par les deux équipes. L'équipe qui conserve le plus grand nombre de mots gagne.

Beispiel:

- *appareils électroniques, endroits à visiter à Paris, meubles, activités à faire le week-end, genres de films, équipement dont on a besoin pour un métier*, etc.

Weitere Ideen / Tipps:

- Wenn die Schulausstattung keine Tafelhälften mehr anbietet, können auch einfach zwei A3-Blätter verwendet werden.
- Die Lehrkraft entscheidet, ob fehlerhafte Wörter gezählt werden dürfen.

29. SERPENT DE MOTS

Dauer	Sozialform	Fokus
5–8 min	Teamarbeit	Wortschatz

Ablauf:

Schritt 1: Die Lerner werden in zwei Teams aufgeteilt und stellen sich in zwei Reihen an die beiden Tafelenden bzw. an zwei Tafeln im Raum.

Schritt 2: Die Lehrkraft gibt ein Wort vor. Die beiden vorderen Lerner beider Teams müssen mit dem letzten Buchstaben des Wortes ein neues Wort beginnen und an die Tafel schreiben, z. B. *livre* → *ensemble, salon* → *natation* etc. Dafür haben die Lerner 90 Sekunden Zeit.

Schritt 3: Die beiden vorderen Lerner stellen sich hinten an und zwei neue Lerner finden mit dem letzten Buchstaben des nun letzten Wortes ein neues Wort, z. B. *livre* → *ensemble, salon* → *natation* → *numéro* etc. Es gewinnt das Team, dessen *serpent de mots* bei Ablauf der Zeit am längsten ist.

Lehreranweisung:

Étape 1: Vous allez jouer en deux équipes. Comptez de 1 à 2 et mettez-vous en file avec votre équipe devant le tableau.

Étape 2: Je vais vous donner un mot. Trouvez un nouveau mot qui commence par la dernière lettre de mon mot. Écrivez-le au tableau et mettez-vous à la fin de la file. Puis, le prochain écrit un nouveau mot commençant par la dernière lettre du mot précédent, etc.

Étape 3: L'équipe qui crée le serpent de mots le plus long au bout de 90 secondes gagne. Le mot de départ est________________.

Beispiel:

- *salon – natation – numéro – organiser – rouge – élèves – sport – tennis – surveillant*, etc.

Weitere Ideen / Tipps:

- Es kann die Regel vereinbart werden, dass das jeweilige Team dem Lerner, der an der Reihe ist, helfen darf.
- Es ist sinnvoll, bekannte Wörter auszuwählen, die bereits eingeführt wurden.
- Alternativ kann *serpent de mots* auch mündlich im Plenum durchgeführt werden. Dazu empfiehlt es sich, einen kleinen Ball zu nutzen. Derjenige, der den Ball hat, ergänzt ein Wort.

30. JETER DES MOTS

Dauer	Sozialform	Fokus
5–8 min	Teamarbeit	Wortschatz

Ablauf:

Schritt 1: Die Lerner werden in fünf bis sechs verschiedene Gruppen eingeteilt.

Schritt 2: Die Lehrkraft stellt ein Thema vor. Die einzelnen Gruppen müssen nun nacheinander jeweils einen passenden Begriff zum Thema nennen. Benötigt eine Gruppe jedoch länger als 5 Sekunden für die Antwort, so scheidet sie für diese Runde aus.

Schritt 3: Insgesamt werden mindestens vier Runden gespielt. Gewinner ist die Gruppe, die jeweils die meisten Punkte erzielt hat, das heißt in den einzelnen Runden jeweils als letzte übriggeblieben ist.

Lehreranweisung:

Étape 1: Chaque groupe, tour à tour, énonce un mot qui va avec le sujet que vous allez recevoir (chaque membre peut s'exprimer). Si plus de 5 secondes s'écoulent entre deux mots, vous perdez le tour.

Étape 2: Comptez de 1 à 4 et formez vos groupes. Le sujet pour le premier tour est ____________________.

Étape 3: Continuons avec le tour suivant et le nouveau sujet: ____________.

Beispiel:

- *moyens de transport, raisons pour lesquelles les gens partent en voyage, monuments qu'on peut voir à Paris, métiers qui s'exercent dehors,* etc.

Weitere Ideen / Tipps:

- Alternativ kann ein Sprecher für jede Gruppe bestimmt werden. Nur dieser darf für die gesamte Gruppe antworten. In diesem Falle können sich die Gruppenmitglieder vorher absprechen.
- Für eine induktive Bewusstmachung fehlerhafter Begriffe kann der Arbeitsauftrag *„Trouvez l'erreur!"* im Plenum gegeben werden.

31. DES MOTS DANS L'AIR

Dauer	Sozialform	Fokus
5–8 min	Partnerarbeit	Wortschatz

Ablauf:

Schritt 1: Die Lehrkraft gibt ein Thema vor, z. B. *fruits, choses dans la salle de classe, sports* etc.

Schritt 2: Die Lerner arbeiten in Partnerarbeit zusammen. Der eine Lerner übernimmt die Rolle des *écrivain*, der andere die des *devineur.*

Schritt 3: Zum vorgegebenen Thema werden nun Wörter in der Luft geschrieben und vom Partner erraten. Danach wird getauscht.

Lehreranweisung:

Étape 1: Pensez aux mots sur le thème de ____________________.

Étape 2: Écrivez chacun(e) à votre tour un mot lié à ce sujet dans l'air. Votre partenaire doit deviner le mot.

Étape 3: Vous allez travailler à deux. Un de vous écrira, l'autre devinera. Après chaque mot, changez les rôles.

Beispiel:

- *fruits, objets dans la salle de classe, sports, objets que tu emmènerais avec toi sur une île, moyens de transport, métiers,* etc.

Weitere Ideen / Tipps:

- Teilen Sie den Lernern mit, dass generell nicht spiegelverkehrt geschrieben werden sollte, da dies den Schwierigkeitsgrad enorm erhöht.
- Es ist sinnvoll, Themen auszuwählen, zu denen der Wortschatz bereits eingeführt wurde.

32. ÉCRIVEZ SUR LE DOS DE VOTRE PARTENAIRE

Dauer	Sozialform	Fokus
~ 5 min	Teamarbeit	Wortschatz

Ablauf:

Schritt 1: Die Lehrkraft gibt ein bestimmtes Thema vor, z. B. *sports, shopping, vacances* etc.

Schritt 2: Die Lerner arbeiten mit einem Partner zusammen und schreiben Wörter aus dem genannten Wortfeld mit ihrem Finger auf den Rücken des jeweiligen Partners.

Schritt 3: Der Partner errät das Wort. Anschließend findet ein Rollenwechsel statt.

Lehreranweisung:

Étape 1: Pensez aux mots sur le thème de ____________________.

Étape 2: Trouvez un partenaire et écrivez avec votre doigt un mot sur son dos.

Étape 3: La / Le partenaire devine le mot. Échangez les rôles.

Beispiel:

- *animaux, matériel scolaire, vacances, amour, amitié, fruits et légumes, chez le médecin, Paris, le Canada, sports, shopping,* etc.

Weitere Ideen / Tipps:

- Einige Lerner haben evtl. Probleme damit, sich gegenseitig zu berühren. Dies sollte bei der Festlegung der Partnerwahl bedacht werden.
- Es ist sinnvoll, Themen auszuwählen, zu denen der Wortschatz bereits eingeführt wurde.